VIE DE SAINT VINCENT.

Le très-illustre martyr SAINT VINCENT, naquit en la ville de Huesca et fut élevé à Saragosse, ville capitale du royaume d'Aragon. Son père s'appelait Eutiche et sa mère Enose. Il s'adonna dès son enfance aux œuvres de piété et de vertu, jointes à l'étude des belles lettres, en sorte qu'il fut ordonné diacre par saint Valère, évêque de Saragosse, lequel étant déjà avancé en âge, donna la charge de la prédication à saint Vincent, qui s'occupa de ses nouvelles fonctions avec la ferveur d'un ange. C'était du temps de Dioclétien et de Maximien, tyrans cruels et furieux, qui pensant plaire à leurs faux dieux et affermir leur autorité dans leur empire, promul- guèrent le célèbre édit de persécution qui donna à cette époque le nom d'*ère des martyrs*.

Les Empereurs, pour assurer l'exécution de leur édit, envoyèrent en Espagne le proconsul Dacien, ministre d'impiété, non moins aveugle en la superstition des faux dieux, que furieux contre la foi catholique.

Dacien, arrivé à Saragosse, persécuta injustement l'Eglise de Dieu, tourmenta et fit mourir plusieurs chrétiens ; entre autres, il fit arrêter saint Valère, évêque, et saint Vincent, son diacre, comme étant les deux personnages qui pouvaient le plus lui résister pour offrir aux nombreux chrétiens une nouvelle preuve de courage, et les engager à persévérer dans notre sainte religion.

Néanmoins, le proconsul voulant examiner leur cause à loisir, les fit conduire à Valence, à pied, chargés de fers, où ils allèrent, en subissant les outrages et les mauvais traitements des soldats qui les conduisaient.

Etant arrivés à Valence, on les mit dans une prison infecte, où ils furent plusieurs jours, mourant de faim et de soif ; mais, fort consolés par Notre-Seigneur, parcequ'ils en-

VIE

DE

SAINT VINCENT

DIACRE ET MARTYR

Patron des Vignerons,

Publiée avec l'approbation

DE S. EM. LE CARDINAL GOUSSET,

Archevêque de Reims.

REIMS

MATOT-BRAINE, Libraire-Editeur.

PROPRIÉTÉ.

Reims. — Imprimerie Matot-Braine.

duraient tout pour lui. Le proconsul pensait qu'avec le temps, et par les mauvais traitements, il amollirait ces cœurs généreux ; mais le contraire arriva ; car plus il affligeait les confesseurs, plus ils s'encourageaient.

Dacien les fit comparaître devant lui, et les voyant sains et robustes, tandis qu'il pensait que les privations endurées dans la prison auraient dû les abattre, il se fâcha contre le geôlier, en disant : « Est-ce, ce que je vous « avais commandé? il est beau de voir sortir « de la prison les ennemis de notre empire « en si bon état ! » Puis, se tournant vers les saints martyrs, il leur demanda : « Que me « dites-vous, Valère ? ne voulez-vous pas « obéir aux Empereurs et adorer les dieux « qu'ils adorent ? » Le saint vieillard répondit doucement, mais l'éloignement empêcha le tyran d'entendre sa réponse.

Alors, saint Vincent animé par un zèle divin, dit à Valère : « Pourquoi parlez-vous « ainsi entre vos dents, omm e si vous aviez « peur de ce tigre? Parlez clairement, afin « que tout le monde vous entende, et que « la tête de ce serpent infernal en soit brisée.

« Si votre âge et votre faiblesse ne vous le
« permettent pas, donnez-moi la liberté de
« lui répondre. » Après qu'il l'eût obtenue,
il dit à Dacien : « Offrez à vos faux dieux
« votre encens et vos sacrifices, adorez-les
« comme les protecteurs de votre empire,
« mais nous, qui sommes chrétiens, nous
« n'ignorons pas que ce sont les ouvrages des
« hommes, qu'ils n'ont pas de sentiments et
« qu'ils restent sourds à vos prières. Nous
« reconnaissons le souverain Dieu qui a créé
« le ciel et la terre par sa seule volonté, et
« qui, par sa providence, gouverne le monde.
« Nous ne croyons qu'en ce Seigneur Dieu
« que nous adorons, et en Jésus-Christ, son
« fils, lequel, revêtu de notre chair, mourût
« sur la croix pour nous sauver. C'est pour
« reconnaître cet amour infini, ce dévoue-
« ment sans bornes, que nous désirons souffrir
« mille tourments, répandre notre sang, et
« donner notre vie pour sceller notre croyance
« à la foi chrétienne. »

Par ces paroles, les chrétiens qui étaient
présents, furent édifiés, et la colère du proconsul n'eût plus de bornes. Il commanda

que saint Valère fut banni, et saint Vincent
cruellement tourmenté. Les bourreaux le dé-
pouillèrent de ses vêtements, l'attachèrent à
un long poteau, lui tirèrent les pieds avec des
cordes, et le tourmentèrent avec beaucoup
de cruauté. Dacien lui disait pendant ces
horribles tourments : « Ne vois-tu pas comme
« ton corps est tout démembré? » Le saint
martyr répondit : « C'est là ce que j'ai tou-
« jours désiré; crois-moi, Dacien, il n'y a pas
« d'homme qui pût me faire autant de plaisir
« que tu m'en causes à présent. Tu es plus
« tourmenté que moi, de voir que les peines
« que j'endure ne me peuvent vaincre ; c'est
« pourquoi je te prie de ne pas te relâcher de
« ta cruauté, car plus mes souffrances corpo-
« relles seront grandes, plus ma couronne
« sera glorieuse et j'accomplirai mon désir
« de mourir pour le Sauveur crucifié. »

Le tyran, écumant de rage à ces paroles,
arracha les fouets sanglants de la main des
bourreaux, et les en frappa avec fureur en
les traitant de *lâches*. Saint Vincent regarda
tranquillement Dacien et lui dit : « Je te re-
« mercie de me venger de ceux qui me

« frappent et de fouetter en amis ceux qui
« me maltraitent. » Le tyran, voyant que
le saint se moquait de lui, ordonna aux
bourreaux de déchirer tout le corps de
Vincent, avec des ongles de fer; ce qui fut exécuté avec une barbarie sans exemple. Mais le
saint leur dit : « Que vous êtes faibles?
« que vous avez peu de force? je vous croyais
« bien plus courageux. » Les bourreaux, las
de le tourmenter, reprirent haleine, et Vincent
était plein de courage et de joie, recouvrant
ses forces par la douleur de ses peines, car
Dieu l'avait animé d'une force et d'une cons-
tance si divine que les tourments lui semblaient
des délices. Après avoir mis saint Vincent
en croix, les bourreaux l'étendirent sur des
plaques de fer rouge, et lui brûlèrent les
côtés avec des lames ardentes. Ils jetèrent du
sel sur ses plaies, dont une partie en retom-
bant dans le feu, rejaillissait sur le corps du
saint martyr et le pénétrait jusqu'aux os.
Les ruisseaux de sang qui sortaient des en-
trailles du saint éteignaient le feu. Sa chair
était toute rôtie, il ne restait que des os noircis,
et le brave soldat de Jésus-Christ se riait de
ses bourreaux et de Dacien.

Le proconsul, voyant sa volonté vaincue par le saint homme, commanda qu'on le ramenât en prison, où le sol, semé de pots cassés, ajoutait encore à ses douleurs (1). Vincent se préparait à de nouveaux combats, lorsque Dieu voulut lui accorder de nouvelles faveurs, et montrer que le ciel n'abandonne jamais ceux qui ont confiance en lui.

Une lumière divine commença à pénétrer dans la prison avec une douce odeur, les Anges vinrent visiter le saint martyr, et Vincent, voyant l'étonnement des gardes, leur dit : « Je ne m'enfuis point, je suis ici, entrez mes « frères, pour participer à la consolation que « Dieu m'envoie. En ceci, vous connaîtrez la « grandeur du Roi que je sers ; dites à Dacien, « de ma part, qu'il invente de nouveaux « supplices, car je suis déjà guéri. » Les soldats allèrent alors trouver Dacien, pour lui raconter ce qui se passait, et pendant ce

(1) D. Ruinart (*Actes des Martyrs*), rapporte que saint Vincent eût les jambes renfermées dans des ceps de vignes hachés. Circonstance qui tout à l'heure pourra nous servir à motiver le patronage du saint.

temps, les Anges chantaient des cantiques dans la prison du martyr.

La nuit étant passée, Dacien commanda qu'on amenât le saint en sa présence, et voyant que ses cruautés étaient restées sans effet, il commença par le flatter, en lui disant : « Tes « tourments ont été longs et rudes; il est bien « juste que tu te reposes en un bon lit et que « nous tâchions de te guérir. » Mais le saint étendu sur ce lit rendit son esprit à Dieu.

Le tyran fit jeter aux chiens le corps du martyr, dont les membres étaient étendus au bas d'une montagne; mais, sitôt que les oiseaux voulaient approcher du saint corps, un corbeau leur donnait la chasse. Il vint un loup pour s'en saisir, le corbeau l'attaqua et se mit sur sa tête en lui donnant tant de coups de bec dans les yeux, qu'il le fit promptement retourner vers sa tanière.

Dacien, averti de ce miracle, s'écria : « Vincent» tu me domines encore après ta « mort, et tes membres nus me font la « guerre : il n'en sera pas ainsi; » puis, se tournant vers les bourreaux, il leur commanda de prendre le saint corps, de le

coudre dans un cuir de bœuf et de le jeter
à la mer; ce qui fut exécuté par ces dociles
ministres de l'impiété. La puissante main
de Dieu tira le corps du saint des eaux, et
à leur retour vers la terre, les envoyés de
Dacien l'aperçurent devant leur barque : saisis
de frayeur ils n'osèrent plus y toucher.

Les vagues creusèrent peu à peu une fosse
et couvrirent le corps du sable de la mer. Le
saint avertit, par une vision, un chrétien du
lieu de sa sépulture ; mais cet homme craignant
la colère de Dacien, n'osa pas l'exhumer : le
saint apparut alors à une veuve très-pieuse
et lui commanda de l'inhumer plus décem-
ment; ce qui fut exécuté hors des murs de
Valence, à l'endroit où s'élève une église dédiée
au saint martyr.

La mort de saint Vincent si précieuse aux
yeux du Seigneur, arriva le 22 janvier de l'an
304, et depuis cette époque, Dieu a signalé la
gloire du bienheureux martyr par des
miracles éclatants.

Saint Vincent, diacre, et qui comme tel
offrait le vin au saint sacrifice, ennivré, a dit
saint Augustin, de ce vin spirituel qui rend

fort et chaste ceux qui en boivent, fut choisi pour le patron des vignerons.

Enfin, nous l'avons vu, le bois de la vigne servit à son supplice, raison de plus pour les hommes appliqués aux travaux des contrées vignobles, du choix qu'ils firent de saint Vincent pour leur patron.

La France possédait une grande partie de ses reliques. L'église de l'Abbaye de Saint-Germain des Prés, fût bâtie en son honneur. Childebert, roi de France, à son retour d'Espagne, rapporta la tunique, le bras et le chef du glorieux martyr qu'il donna à l'église du Mans.

De nombreuses églises dédiées au saint, s'élevèrent sur le sol de la France. A Reims, près de l'ancienne porte de Mars, on érigea, sous ce vocable, une chapelle, qui fût détruite sous l'épiscopat de Monseigneur l'archevêque Maurice-le-Tellier.

L'Eglise célèbre sa fête le 22 janvier, cette solennité dans les nombreux vignobles de la Champagne, réunit un immense concours de fidèles chrétiens dont l'édification se manifeste par d'abondantes aumônes.

PRATIQUE.

Que penser de notre lâcheté et de notre vie molle, en songeant aux souffrances du saint martyr ?

Les honneurs rendus aux saints ne sont pas une nouveauté.

Honorons-les en imitant leur foi, leur espérance, leur charité.

PRIÈRE.

Que votre amour, Seigneur, soit un feu qui embrase notre cœur, qui augmente notre foi, et qui, en nous inspirant du respect pour vos saints martyrs, nous excite à les imiter.

Extrait des anciens martyrologes par II. M...

Office semi-double. Messe comme au commun de plusieurs Martyrs.

Collecte. Adesto, Domine, supplicationibus nostris, ut qui ex iniquitate nostra reos nos esse cognoscimus, beatorum Martyrum tuorum Vincentii et Anastasii intercessione liberemur. Per Dominum.

Collecte. Seigneur, exaucez nos prières : Faites que nos iniquités et toutes nos fautes, dont nous nous reconnaissons coupables, soient effacées par l'intercession de vos bienheureux martyrs saints Vincent et Anastase. Par Notre-Seigneur Jésus-Christ.

HYMNE.

Sanctorum meritis
inclyta gaudia
Pangamus, socii, ges-
taque fortia :
Gliscens fert animus
promere cantibus

Chrétiens, célébrons par nos chants les joies ineffables et glorieuses que les saints ont conquises par leurs mérites ; acclamons leurs actions sublimes. L'âme attendrie est portée à exalter par ses chants cette race héroïque de Vainqueurs.

Voilà ceux que le monde a repoussés dans sa sottise : les apôtres de ton nom, ô Jésus, Roi généreux des Cieux, ont méprisé ce champ sans fruits et dépouillé de fleurs.

Les menaces atroces, la furie des hommes, leurs coups sanglants, ils ont tout foulé aux pieds pour toi.

L'ongle de fer avec ses déchirures profondes s'est émoussé contre eux; il n'a pas eu de prise sur leurs saintes croyances.

Comme l'agneau, ils tendent la gorge au glaive qui les frappe. .

Victorum genus optimum.

Hi sunt quos fatue
mundus abhorruit ;
Hunc fructu vacuum,
floribus aridum
Contempsere tui nominis asseclæ,
Jesu, Rex bone Cœlitum.

Hi pro te furias atque minas truces
Calcarunt hominum,
sævaque verbera :

His cessit lacerans fortiter ungula,
Nec carpsit penetralia.

Cæduntur gladiis,
more bidentium ;
Non murmur résonat,
non querimonia ;

Sed corde impavido
mens bene conscia
Conservat patientiam.

Quæ vox , quæ po-
terit lingua rete-
xere
Quæ tu Martyribus
munera præparas?
Rubri nam fluido san-
guine , fulgidis
Cingunt tempora lau-
reis
Te, summa o Deitas
unaque , poscimus
Ut culpas abigas , no-
xia subtrahas ,
Des pacem famulis, ut
tibi gloriam
Annorum in sériem
canant.
Amen.

pas une plainte, pas
un murmure.

Le sentiment du de-
voir, la foi dans leurs
âmes sans peur et
inébranlables soutient
leur patience.

Quelle voix, quelle
langue , ô mon Dieu,
pourra décrire les récom-
penses que tu réserves
aux martyrs ?

Rougis du sang qu'ils
ont versé , ils ceignent
leurs fronts de lauriers
éclatants.

Dieu puissant et uni-
que, pardonne nos fau-
tes, nous t'en sup-
plions ; efface nos
iniquités, donne la paix
à tes serviteurs, afin
qu'ils chantent éternel-
lement ta gloire.

Ainsi soit-il.

Traduction réservée par A. D....

V. Réjouissez - vous en Dieu , Justes, tressaillez d'allégresse. R. Soyez glorifiés, vous tous qui avez le cœur droit.

V. Lætamini in Domino et exultate, justi. R. Et gloriamini, omnes recti corde.

Vépres de la fête suivante, où l'on fait mémoire des saints Vincent, Anastase et de sainte Emérentienne, vierge et martyre.